AF268361

VÉRIFICATION DE PRIVILÉGES

PAR

L'ÉLECTION DE NIORT

DE 1627 A 1638

—

Seconde Partie.

—

VÉRIFICATION DE PRIVILÉGES

PAR

L'ÉLECTION DE NIORT

DE 1627 A 1658.

—Seconde Partie.—

De nouvelles recherches dans les précieuses archives qui nous ont déjà fourni bon nombre de documents pour notre histoire locale, ont encore amené entre nos mains 14 requêtes adressées à l'Election de Niort par diverses familles pour la conservation de leurs priviléges de noblesse, et qui viennent compléter celles que nous avons déjà publiées. De celles-ci 8 ont été accueillies, et 6 ont été écartées par un renvoi des parties intéressées à deux mois, pour qu'elles puissent fournir des titres justificatifs plus probants que ceux qu'elles produisaient. L'Etat des nobles du Poitou vers 1670 et la liste de ceux qui furent condamnés comme revendiquant induement cette qualité, nous fait connaître en partie quels sont ceux qui ont réussi dans leur seconde tentative.

Nous continuerons la distinction que nous avons établie parmi les demandeurs d'après les titres qu'ils produisent : noblesse d'origine, noblesse municipale.

Les familles qui prétendent à la noblesse d'origine sont celles de Du Boullet, Du Mortier, Gairusseau, Janvre, La Chétardie, Mousnereau, Philippes, Régnier, Rousseau, Saint-Amant et Viault, et comme toujours c'est à quelques-unes de celles-là que l'on demande des éclaircissements, car, en général, elles ne peuvent faire remonter bien haut la possession de leurs droits, qui trop souvent ressemblent à une usurpation favorisée par les troubles des guerres de religion.

Les familles Avice, Cochon et Gaugaing, auxquelles nous joindrons celles d'Assailly et de Chalmot dont nous reproduisons les déclarations de vivre noblement, représentent la noblesse d'échevinage ; elles sortent toutes de celui de Niort.

Nous ajouterons enfin à leurs demandes, celles de quelques particuliers jouissant des priviléges concédés aux canonniers ordinaires de l'artillerie du roi, maîtres de poste, contrôleurs et commis à faire les rôles des tailles.

DU BOULLET. — François Du Boullet, Ec., Sgr. de La Brouhe, demeurant paroisse de Gourville, pour faire apparoir de son extraction noble, produit : son contrat de mariage du 9 octobre 1616 ; — les contrats de mariage de Louis Du Boullet, Ec., son père, avec D^{lle} Françoise Pépin de Furonville, du 24 janvier 1580, et avec D^{lle} Catherine Aubert, du 19 janvier 1589 ; — le contrat de mariage de Guy Du Boullet, Ec., Sgr. de La Motte, son aïeul, avec D^{lle} Françoise Brouhard, du 5 février 1551 ; — une transaction passée entre Guillaume Du Boullet, Ec., Sgr. de La Barde et de Logerie en partie, son bisaïeul, d'une part, et Hercule Du Boullet, Ec., Sgr Du Boullet, en la paroisse de Micy en Picardie, frère de celui-ci, sur les successions de Pierre Du Boullet, Ec., Sgr dudit lieu et de Marie Denfort, sa femme, du 15 janvier 1479 ; desquels titres il appert, dit-il, de sa filiation depuis plus de cent ans et que ses prédécesseurs et lui ont toujours été reconnus pour gentilshommes. Il ajoute en outre à sa production, l'inventaire des titres fournis par Louis Du Boullet, son père, par devant M. de Sainte-Marthe, commissaire pour la réformation des abus commis au fait des tailles, au pied duquel est un acte du 15 avril 1599, constatant que M. de Sainte-Marthe a vérifié lesdits titres, parmi lesquels était un partage fait noblement entre Louis Du Boullet, Mathurine et Marguerite Du Boullet, ses sœurs, des biens de Guy Du Boullet, leur père, du 18 octobre 1581. — Le procureur du roi ne trouvant pas ces titres suffisants pour justifier de la noblesse du suppliant, requiert qu'il ait à en produire d'autres, si aucuns a, dedans un mois, et la sentence des élus du 22 juin 1634, fait droit à ces conclusions en portant toutefois le délai à deux mois. (La liste des condamnés comme faux nobles en 1668 et 1670 porte que François du Boullet fut alors condamné en 1500 livres d'amende.)

DU MORTIER. — Jean Du Mortier, Ec., Sgr de l'Isle, résidant en la paroisse d'Ampville ; expose qu'il ne peut satisfaire à l'ordonnance des élus de produire ses titres de noblesse dans le délai de huitaine, d'au-

4

tant qu'il est originaire de la province d'Agénois et cadet de la maison Du Mortier, ne s'étant retiré depuis peu au lieu d'Ampville que pour exercer la curatelle à lui baillée des personnes et biens de ses neveux qui ont une métairie en ladite paroisse; les titres justificatifs de son extraction noble étant entre les mains de l'aîné de la famille, il demande un délai de six mois pour se transporter en Agénois afin de retirer ses titres et les leur représenter. Par leur sentence du 26 juin 1634, les élus lui accordent un délai de trois mois pour recouvrer ses titres, en ajoutant que faute de ce faire il sera porté aux rôles des tailles de sa paroisse.

GAIRUSSEAU. — Jacques Gairusseau, Ec., Sgr du Magnou, y demeurant, paroisse de Fenioux, produit : son contrat de mariage du 20 janvier 1625, avec D^{lle} Marguerite de Poussay; — celui de Toussaint Gairusseau, Ec., Sgr du Magnou, son père, avec D^{lle} Jacquette Gendrault, du 20 janvier 1595, où l'on voit que Toussaint est fils de Mathurin Gairusseau, Ec., et de D^{lle} Jeanne Landerneau; — une donation mutuelle entre ces deux derniers du 5 octobre 1576; — un partage fait noblement, le 11 novembre 1599, de la succession dudit Mathurin entre sa veuve et ses enfants, d'où il appert que Toussaint a partagé avec ses puînés, déduction faite de ses droits d'aînesse; — un autre partage noble du 1er janvier 1628, entre Jacques et ses sœurs, par lequel il eut la maison noble du Magnou, comme étant la plus noble et de plus grande valeur que ce qui est demeuré à ses sœurs; — deux contrats passés en 1541 et 1546 entre Charles Gairusseau, bisaïeul dudit Jacques, et des particuliers, prouvant qu'il était reconnu comme gentilhomme; — l'acte de vérification des titres d'un frère défunt de ce même Jacques, par M. Louis Arnauldet, commissaire subdélégué en 1604. — Le 26 juin 1634, sur les conclusions conformes du procureur du roi, les élus donnent à Jacques Gairusseau, un délai de deux mois pour justifier plus amplement de sa noblesse. (Condamné plus tard à une amende de 1,000 livres, sa sentence fut révisée, et il fut maintenu noble par un arrêt du Conseil du 9 février 1669.)

JANVRE. — Philippe Janvre, Ec., Sgr de La Moussière et de La Bouchetière, y demeurant, paroisse de Saint-Lin, produit : le contrat de mariage de Jean Janvre, Chev., Sgr de La Bouchetière, avec D^{lle} Marguerite Chenin, du 25 octobre 1589; — un acte d'hommage rendu par le dit Jean au seigneur de Ternant, le 26 juillet 1432, et un autre hom-

5

mage à lui rendu par Louis de Fontenay, Ec., le 8 août 1435; — le partage de la succession de ce même Jean Janvre l'aîné, entre ses enfants, Jean Janvre, Chev., Sgr de La Bouchetière, Philippe Janvre, femme de Jean Sergent, Marguerite Janvre, femme de Louis Corignou et Jeanne Janvre, femme de Léon Leschalle, le 13 octobre 1436; — un autre partage de la succession de Jean Janvre, l'aîné, de Jean Janvre, son fils, de Perrot et de Marguerite Janvre, entre Jean Janvre, Chev., Sgr de La Bouchetière et Louis Corignou, Ec., du 28 mai 1458 ; — le testament de ce Jean Janvre le jeune, du 24 juillet 1486 ; — *l'acte d'émancipation d'Alain Janvre, Ec., par Jean Janvre, Chev., son père, passé à Saint-Maixent, le 7 octobre 1462, par devant Jean Vernou, licencié en lois, juge de la cour de la prévôté de Saint-Maixent ; — *les lettres de provision de l'office d'échanson du roi, octroyées audit Alain Janvre, Ec., Sgr de La Bouchetière, à la requête du sire de Craon, premier chambellan, à Amboise, le 2 août 1471 ; — la donation faite par ledit Alain à Léon Janvre, Ec., son fils, du 20 octobre 1498 ; — le partage fait entre D^{lle} Jeanne Janvre, veuve de Léon Janvre, Ec., et Georges Janvre, Ec., des successions d'Alain Janvre et de D^{lle} Anne de La Porte, sa femme, du 28 juin 1517 ; — *deux lettres de provisions, signées Henry, octroyées par le roi de Navarre à Philippe Janvre, Ec., Sgr de La Bouchetière, l'une de la charge d'un des cent gentilshommes de sa chambre, l'autre de conseiller en son conseil privé, et données à La Rochelle, les 18 septembre 1586 et 20 juillet 1587; —* un mandement du roi de Navarre, signé Henry, aux membres de son conseil privé, pour qu'ils aient à recevoir le serment dudit Philippe Janvre comme conseiller, donné à La Rochelle, le 6 septembre 1588; — * le contrat de mariage de Daniel Janvre, Ec., Sgr de La Bouchetière et de Veuzé, fils de Philippe Janvre et de D^{lle} Madelaine de Thory, avec D^{lle} Renée de Mallemouche, fille unique de Louis de Mallemouche, Ec., Sgr de La Moussière et de D^{lle} Elizabeth de Partenay, passé à Sainte-Ouenne, le 24 octobre 1600, en présence de René Bonnard, Ec., Sgr du Marays, Philippe de Saint-Georges, Chev., Sgr du Plessis, Gabriel de Saint-Georges, Chev., Sgr de Vérac, Olivier de Saint-Georges, Ec., Sgr de Verneuil, Jean Deffrans, Ec., Sgr de Reperoux, Jacques Bonnin, Ec., Sgr du Plessis-Asse, Charles Marchant, Ec., Sgr de Russay, François de Mallemouche, Ec., Sgr des Housches, Charles de Partenay, Ec., Sgr de Quéray, Isaac de Mallemouche, Ec., Sgr de Paradis, Pierre de

La Cour, Ec., Sgr de La Cour des Houlliers, Antoine Ledoulx, Ec.,
Sgr de Courtoisy, Méry Esteau, Ec., Sgr de Vermenie et autres; —
le contrat de mariage dudit Philippe Janvre, avec D^{lle} Marguerite
Dauzy, du 4 avril 1628; — et un acte du 2 juin 1634, portant que
Daniel Janvre, son père, a représenté ses titres aux élus de Mirebeau,
et a été par eux maintenu dans sa noblesse. — Par sentence du 50
juin 1634, les élus confirment Philippe Janvre dans la possession de
ses priviléges.

(Nous avons désigné par un astérisque, six pièces originales sur
parchemin, qui faisaient probablement partie de la production des titres
de Philippe Janvre, et que nous avons retrouvées dans le même dépôt;
le mandement de 1588, seul, n'était pas énoncé dans la requête, mais
la signature autographe d'Henry IV, nous a fait un devoir de ne pas
l'omettre.)

LA CHÉTARDIE. — Gabriel de La Chétardie, *aliàs* Trotin, Ec.,
Sgr du Bureau, paroisse de La Péruse, produit : son contrat de mariage avec D^{lle} Suzanne de Mascureau, du 12 octobre 1621; — le
contrat de mariage de Gabriel de La Chétardie, Ec., Sgr dudit lieu,
du Solier et du Bureau, son père, avec D^{lle} Jacqueline de Nossay, fille
du sieur de La Forge de Nossay, du 14 mars 1590; — le contrat de
mariage de Joseph Trotin, Ec., Sgr de La Chétardie, chevalier de
l'Ordre du Roi, avec Guionne de Chauvigné, du 28 mars 1552, duquel
il appert que ledit Joseph était fils de noble Jean Trotin et de Marguerite
Chatard, sieur et dame de La Chétardie; — pour justifier du change-
ment de nom de Trotin en celui de La Chétardie, il produit une donation faite par ledit Jean et sa femme à leur fils Joseph, des fief, terre et
seigneurie de La Chétardie, à la charge par lui et ses descendants d'en
porter le nom et les armes, du 26 juin 1545; — plus, deux partages
faits noblement, l'un entre Jean Trotin, sa femme et ses cohéritiers,
du 27 mai 1517, et l'autre, des successions de Gabriel de La Chétardie
et de sa femme, entre leur fils aîné, Charles de La Chétardie, Ec., et
Gabriel, produisant, du 28 septembre 1619; —trois lettres d'exemption
d'arrière-ban, obtenues par l'aïeul et le bisaïeul dudit Gabriel, en 1542,
1551 et 1555; —une quittance signée Ravart, contenant que Jean Trotin,
Ec., Sgr de La Chétardie, a contribué comme noble, de sa portion de
la somme qui fut levée sur les nobles du Poitou, pour la rançon de
François Ier et de ses enfants, du 22 février 1529. — Les élus, par

7

leur sentence du 14 juillet 1654, ordonnent que le sieur de La Chétardie soit maintenu au rang des nobles, tant et si longtemps qu'il vivra noblement et ne fera acte dérogeant. — Les pièces produites sont retirées par noble René Nosereau.

MOUSNEREAU. — Par leur ordonnance du 28 juin 1654 que nous avons relatée précédemment, les élus avaient remis à trois mois Gaston Mousnereau, Ec., Sgr de Champagné, pour qu'il put justifier plus amplement de sa noblesse. Dans ce but il leur représente : un contrat du 16 novembre 1544, par lequel Pierre Mousnereau vend sa maison noble de Champagné ; — une donation faite par ledit Pierre à François, son fils, de tous ses acquêts, conquêts et immeubles, pour son droit d'aîné, sur lesquels il se réserve sa pension comme gentilhomme ; — un contrat de partage noble, passé entre François Mousnereau, père dudit Gaston, et D^{lle} Françoise Mousnereau, femme de Jean de Pindray, Ec. — Sur le vu de ces pièces, les élus rendent définitivement une sentence, le 24 juillet 1654, ordonnant qu'il sera employé au rang des nobles avec jouissance de l'exemption des tailles.

PHILIPPES. — Judith Chapelain, D^{lle}, veuve de René Philippes, Ec., Sgr du Retail, demeurant paroisse d'Alonne, produit : son contrat de mariage en date du 2 décembre 1626 ; — le contrat de mariage de Bonaventure Philippes, Ec., Sgr du Retail, père de René, avec Louise Tutault, du 28 juillet 1587 ; — l'acte d'attestation de la maladie de René Philippes, Ec., Sgr de Mousseaux, pour lui servir d'excuse auprès des commissaires députés par le roi à faire les montres du ban et arrière-ban de Touraine, du 25 juin 1545 ; — une sentence du siége royal de Chatelleraud, du 50 mars 1549, entre René Philippes, Perrette et Bertrande Philippes, ses sœurs, femmes d'Etienne de Vercord et de Jean de Puisron, Ec., portant que partage noble sera fait entre eux des biens de François Philippes, Ec , Sgr de Mousseaux, et de D^{lle} Antoinette de Couret, leurs père et mère ; — l'acte dudit partage, du 26 octobre 1549 ; — un contrat d'échange fait par D^{lle} Catherine Renaud, veuve dudit René Philippes, Ec., Sgr de Mousseaux et de Lardounière, et Bonaventure Philippes, Ec., son fils aîné, avec D^{lle} Anne Le Bloix, du 13 mai 1565 ; — le contrat de partage noble des biens de ce même Bonaventure Philippes, et de D^{lle} Marie de Parthenay, sa femme, fait le 29 septembre 1598, entre Bonaventure Philippes, Ec., Sgr du Retail, et Louis et René Philippes, Ec., et D^{lle}

Claude Philippes, ses frères et sœur, par lequel les puinés auraient eu pour leur part, la maison et seigneurie de Lardounière et autres lieux, et le surplus des biens serait resté audit Bonaventure tant pour ses droits d'ainesse que pour sa légitime.

D^{lle} Louise Tutault, veuve dudit Bonaventure, se joint à sa belle-fille pour être, au moyen des pièces ci-dessus, maintenue dans ses priviléges de noblesse et d'exemption de tailles. — Leurs deux requêtes sont agréées par la sentence des élus du 14 juillet 1634.

REGNIER. — Timothée de Regnier, Ec., Sgr de Sompt, dit qu'il apparaît par le contrat de mariage de son père Hélie de Regnier, Ec., Sgr de La Planche, avec Anne Alleu, ce qu'il justifie tant par lettres royaux du 15 juillet 1590, données à Paris, et par arrêt ou jugement des requêtes de Paris, du 20 février 1580, que par son propre contrat de mariage, qu'il est noble et issu de personnes nobles, et ce considéré, il requiert qu'il soit enjoint aux asseieurs des tailles des paroisses de Javarzay et de Chef-Boutonne, de l'employer sur les rôles de leur paroisse au rang des nobles. — Les preuves qu'il produit paraissent peu admissibles aux élus qui par sentence du 21 juin 1634, le renvoient à deux mois pour informer plus amplement de sa noblesse et généalogie, en ajoutant que faute de ce faire, il sera inscrit sur les rôles des taillables de la paroisse de Javarzay. (Tous les membres de la famille Regnier furent reconnus nobles par sentence du 8 octobre 1667.)

ROUSSEAU. — Philippe Rousseau, Ec., Sgr de Beauregard, demeurant paroisse d'Alonne, produit pour marquer sa noblesse, une sentence sur parchemin donnée par Jacques Cornua, trésorier de France, et Jean Gougé, commissaires en Poitou pour le roi, sur le fait des nouveaux acquêts, au profit de Regnault Rousseau, capitaine du Bois-Pouvreau, par laquelle, après due inquisition de sa noblesse et extraction, il aurait été envoyé absous comme noble pour jouir et user en cette qualité des priviléges de noblesse, en date du 12 octobre 1598; — et pour justifier de son extraction, une transaction passée entre Catherine Goullard, veuve de Jean Rousseau, Ec., Sgr de La Place, et D^{lle} Marie Resnier, du 18 juillet 1531, signée, Bourguignon, notaire à Champdeniers; — le testament de D^{lle} Marguerite Bourguignon, femme de noble Jean Rousseau, fils du précédent, conservateur du quart du scel en Poitou, passé en la maison noble de La Place, le 1er septembre 1547; — le contrat de mariage de

9

noble Joachim Rousseau, enquêteur pour le roi en Poitou, fils de Jean,
avec D^{lle} Claude Charlet, du 23 avril 1547; — le contrat de mariage
de Philippe Rousseau, fils de Joachim, avec D^{lle} Jeanne Goguet, du 26
novembre 1581; — l'acte de partage de la succession des précédents,
par lequel il appert qu'il est échu audit Philippe, leur fils, produisant,
pour son droit d'aînesse, préciput et avantage, comme noble, suivant la
coutume du Poitou, la maison noble, terre et seigneurie de Beauregard,
paroisse de Béceleuf et autres domaines, du 20 novembre 1613. —
La sentence des élus ne se trouve pas au bas de l'inventaire des pièces;
il n'y a que la décharge donnée par Philippe Rousseau au greffier de
l'Election, le 21 juin 1634; peut-être voulut-il compléter sa production
avant qu'elle fut soumise au tribunal : en tout cas, il dut être confirmé,
car nous trouvons dans l'Etat des Nobles, un Nicolas Rousseau, sieur
de Beauregard, qui est probablement son fils.

SAINT-AMANT. — Gabriel de Saint-Amant, Ec., Sgr de Lhoumer,
demeurant en la paroisse de Rampville, dit que n'ayant eu avis que depuis peu de jours de l'ordonnance des élus portant injonction aux nobles
de représenter leurs titres de noblesse, il ne peut en produire que quel-
ques-uns, les autres étant entre les mains de Paul de Saint-Amant,
son père, demeurant en l'Election de Poitiers, ce sont : le contrat de
mariage de François de Saint-Amant, Ec., son aïeul, avec D^{lle} Perrette
de Poix, du 25 avril 1565; — celui de Paul de Saint-Amant, Ec., son
père, avec D^{lle} Jeanne Feraud, du 27 janvier 1597, et le sien, avec D^{lle}
Louise Dumas, du 4 juillet 1615; — l'acte de partage de la succession
de D^{lle} Marguerite Feraud, sa tante, du 8 juin 1612 et une transaction
passée avec ledit Paul de Saint-Amant, son père, le 15 juin 1623. —
Les élus, avant de faire droit à la requête du suppliant, ordonnent par
sentence du 21 juin 1634, qu'il informera plus amplement de ses titres,
dans le délai de deux mois. (Le nom de Saint-Amant ne se retrouve ni
parmi les nobles admis, ni parmi les refusés.)

VIAULT. — Charles Viault, Ec., Sgr de Lestorière, y demeurant,
paroisse de La Chapelle-Seguin, produit : un contrat de partage passé
entre lui, Jacques et Pierre Viault, Ec., ses frères puînés, de la
succession de René Viault, Ec., et de D^{lle} Jeanne de Mallemouche,
leurs père et mère, du 5 juin 1610, d'où il appert qu'il a partagé noblement comme aîné; — une transaction passée entre lui et D^{lle} Renée
Richier, du 23 février 1606, où l'on voit qu'il était poursuivi en qualité

de fils de René et de petit-fils d'Hardy Viault; — un accord dudit Hardy, du 25 mars 1551, avec Jean de Longueville, Ec., Sgr dudit lieu, et un acte de vente faite par le même et Jeanne Goullard, sa femme, à Gilles Rambau, du 18 septembre 1551; — un mémoire des prétentions de Jacquette de Nesde, pour son droit de douaire, comme veuve de Jacques Viault, contre ledit Hardy, son fils aîné; — sept contrats passés entre ledit Jacques et divers particuliers, de 1465 à 1520, dans lesquels il est toujours reconnu comme gentilhomme; — enfin pour justifier que de temps immémorial, ses ancêtres ont toujours pris la qualité d'écuyer, il représente neuf hommages et dénombrements de la seigneurie de Lestorière, rendus au seigneur de Tennesüe : par Jean Viault, qualifié valet, le 16 avril 1404; — par Jean Viault, Ec., le 25 août 1428; — par Mathurine Morelle, veuve dudit Jean qualifié Monsieur, le 15 septembre 1443, et Ecuyer, le 5 août 1445; — par Jacques Viault, Ec., le 18 juin 1446; — par Jacques Viault, Ec., Sgr de Lestorière, fils d'autre Jacques Viault, du 18 novembre 1479, et par le même Jacques Viault, bisaïeul du demandeur, le 28 novembre 1499.— Par sentence du 13 juillet 1634, les élus accueillent la requête de Charles Viault, et ordonnent qu'il soit porté au rang des nobles.

Nous ignorons si cette famille avait des liens d'affinité avec celle du même nom dont la noblesse, dit l'*Etat du Poitou*, aurait été acquise par le passage d'un de ses membres dans l'échevinage de Niort; en tout cas, elle nous sert de transition pour parler de celles qui s'appuyaient sur des droits acquis de cette sorte pour la conservation de leurs priviléges.

ASSAILLY. — Déclaration de vivre noblement faite par François Assailly, en 1634.— « Aujourd'hui troiziesme de novembre MDCXXXIV, « au greffe de l'Eslection de ceste ville de Niort, s'est comparu en sa per- « sonne, François Assailly, sieur du Peux, l'ung des conseillers et « eschevins du corps et collége d'icelle, lequel a déclaré que à cause « dudit office d'eschevin dudit corps dont il est pourveu, il entend et « veult à l'advenir vivre noblement et jouir du tiltre de noblesse aux « honneurs, prérogatives, prééminances, franchises, exemptions et « tous aultres droits afférens à ladite charge d'eschevin, suivant les « privillèges conceddez, vériffiez et confirmez par nos Roys et arrests « des cours souveraines ausdits conseillers et eschevins dudit corps et » aux conditions portées par lesdits privillèges, de laquelle déclaration

« ledit Assailly a requis acte que moy greffier du Siège, tablier et
« eslection dudit Nyort, lui ay octroïé pour luy valloir et servir ce que
« de raison; fait audit greffe, les jour et an susdits. *Signé*, F. Assailly,
« *et plus bas*, Moreau, greffier. »

AVICE. — Aubin Avice, Ec., Sgr de La Garde, demeurant en la
ville de Niort, pour justifier de son extraction noble, produit : un arrêt
contradictoire, donné entre défunt Jérôme Avice, Ec., Sgr de La Vieille
Cour de Mougon, son père, échevin de la ville de Niort, et les pa-
roissiens, manants et habitants des paroisses de Notre-Dame et de Saint-
André de cette ville, ouï le procureur-général, portant entre autres
choses que ledit Avice et ses enfants nés et à naitre en loyal mariage,
jouiront du titre et privilége de noblesse, ainsi que les autres nobles du
royaume, en date du 7 mars 1608; — un acte d'assemblée générale des
maire, échevins et pairs de Niort, portant que ledit Jérôme Avice est
mort vêtu et saisi de sa place d'échevin, et que celle-ci étant vacante
par son décès, a été conférée au sieur lieutenant-général de la ville, en
date du 28 mai 1632; — un compromis passé entre Aubin Avice, le
suppliant, Hector de Fay, Ec., Sgr de Millan, Jean de La Varenne,
Ec., Sgr de La Grange-Hardy et Gédéon Dauzy, Ec., Sgr de La
Brousse, maris de D[lles] Renée, Jacquette et Marie Avice, ses sœurs,
duquel il appert qu'il doit faire avec elles le partage des biens de leur
père Jérôme, avec jouissance de ses droits d'ainesse, en date du 22 octobre 1632. — Le procureur du roi n'empêchant pas qu'il jouisse du titre
de noblesse, la sentence des élus du 11 juillet 1634 le maintient au
rang des nobles avec l'exemption des tailles et autres subsides.

CHALMOT. — Déclaration de vivre noblement faite par Philippe
Chalmot en 1652. — « Aujourd'huy vingtiesme de juillet l'an mil six
« cens trante deux, au greffe royal de l'Election de Nyort s'est com-
« paru et présenté en sa personne noble homme, Philippes Chalmot,
« sieur du Breuil d'Aigonnay et des Deffens et l'un des eschevins de la
« maison commune de ceste dicte ville de Nyort, lequel a déclaré que
« par le décès de Hierosme Avice, vivant escuyer, sieur de la Chaurrée
« et de La Vieille Cour de Mougon, aussy eschevin de ceste dicte
« ville, et par le décès duquel a esté receu et installé conseiller de ladite
« maison commune François Laurens, escuyer, sieur d'Antes et de
« Beaulieu, lieutenant-général audict Nyort, le vingthuictiesme jour de
« may dernier, ledict Chalmot est parvenu et a esté promeu au rang et

« nombre des douze eschevins de ladicte maison commune de ceste
« dicte ville de Nyort, par l'ordre estably selon les privilèges de nos
« Roys, d'un maire, douze eschevins et douze conseillers, et soixante
« et quinze pairs, duquel nombre desdicts maire, eschevins et conseillers
« par les promotions ordinaires, auroient esté pareillement ses prede-
« cesseurs entre lesquels il peut dénombrer Philippes Chalmot, vivant
« sieur de La Gaillardie, son père, par deux fois maire, et par son long
« aage promeu au rang de premier eschevin, Jacques Chalmot, sieur de
« La Place, son ayeul, aussi l'un des premiers eschevins de son temps,
« Guillaume Chalmot, sieur de La Mothe, son bissayeul, et Martin
« Chalmot, sieur de La Gaillardie, son trissayeul, et que suivant lesdictz
« privilèges octroyés par nos Roys ausdicts douze eschevins, maire et
« douze conseillers, ledict Chalmot entend vivre à l'advenir noblement
« et jouir du tiltre de noble et des droicts y attribués, comme font et ont
« accoustumé et doibvent faire chevaliers et escuyers, et aultres nobles
« du païs de Poictou et de ce royaume de France, et faire tout ce qu'il
« est tenu comme eschevin et noble par lesdicts privileges, confirmations
« d'iceux et arrest des cours souveraines pour jouïr dudict tiltre de
« noblesse aux franchises, exemptions, honneurs, prérogatives et
« droicts y attribués, dont ledict Chalmot a requis acte qui lui a esté
« octroyé pour luy valoir et servir en temps et lieu ce que de raison,
« par moy greffier de ladicte Election, et s'est ledict Chalmot soub-
« signé; faict les jour et an susdicts. *Signé*, Chalmot, *et plus bas*,
« Moreau, greffier. »

COCHON. — Pierre Cochon, Ec., conseiller et procureur du roi au
siége royal de Niort et l'un des échevins de la ville, dit que pour jouir
de l'exemption des tailles et être mis au rang des nobles, comme il a
toujours été, il convient suivant la déclaration de Sa Majesté donnée
au mois de janvier précédent, produire et faire voir les titres, actes et
pièces en vertu desquels il prétend avoir lesdites exemptions et jouir du
privilége de noblesse, et d'autant que le suppliant dès-lors de sa pro-
motion au titre d'échevin fit sa déclaration, bien qu'auparavant il fut
exempt, il la produit avec les titres, provisions, et actes y attachés, et ce
considéré supplie les élus qn'il leur plaise lui en donner acte, et le mettre
au rang des nobles, exempts et privilégiés, tant et si longtemps qu'il vivra noblement; ce qu'ils lui accordent par leur sentence du 5 août 1654.
(Nous avons déjà parlé de cette pièce, à l'occasion de la demande faite au

14

greffe de l'Election en 1654, par Pierre Cochon, seigneur de Martigné,
fils de celui qui est ici en cause.)

GAUGAING. — Guillaume Gaugaing, Ec., Sgr de La Bernegouhe, dit
qu'en conséquence des priviléges concédés par Sa Majesté aux sieurs
maire et échevins de Niort et à leurs descendants, et de ce que Philippe
Gaugaing, Ec., son père, l'un des échevins dudit corps, avait il y a lông-
temps, fait sa déclaration au greffe de la cour, qu'il entendait doréna-
vant vivre noblement et servir le roi en hommes et chevaux comme les
autres nobles du pays; — que lui-même aurait fait pareille déclaration
le mois de février précédent, au préjudice de laquelle et de l'instance
pendante devant les élus entre lui, demandeur en exemption d'une part,
et les procureurs, fabriqueurs et habitants de la ville d'autre, voire
même de la déclaration et consentement desdits habitants donné dans
leur assemblée générale du 29 août précédent, les asseieurs et collecteurs des tailles se jactent de le cotiser par les rôles, ce qui ne serait
raisonnable; — c'est pourquoi vu les pièces de l'instance et la délibéra-
tion des habitants qu'ils se rapporteront à l'ordonnance des élus, il
supplie ceux-ci d'ordonner qu'il jouira du titre de noblesse à l'avenir et
des priviléges et exemptions y attachés. — Le procureur du roi assisté
de son avocat, vu les priviléges de la ville de Niort du 14 mai 1466,
confirmés au mois de juin 1640, l'assemblée des maire et échevins du
27 juin 1631, portant réception en la charge d'échevin de Philippe
Gaugaing, sa déclaration du 22 février 1658, sa requête du 6 avril de
la même année, et un extrait de l'assemblée générale des habitants du
29 août, consent à ce que le suppliant soit déclaré noble et jouisse du
privilége de noblesse ainsi que ses enfants nés et à naître en loyal mariage. — La sentence des élus du 5 octobre 1658 porte que Guillaume
Gaugaing jouira du privilége de noblesse et de l'exemption des tailles,
tant et si longtemps que Philippe Gaugaing, son père, demeurera saisi
de la charge d'échevin, et que lui vivra noblement, à la charge toutefois
de rapporter dans six mois arrêt confirmatif de MM. de la cour, au
désir de la déclaration du roi du mois de mars 1634, et jusque là enjoint
aux asseieurs et collecteurs des tailles de Niort de le porter au rang des
nobles.

Privilégiés. — De tous les priviléges, le plus recherché était
celui qui exemptait du paiement des tailles; aussi voit-on les offices

14

auxquels il était attaché être acquis à un prix assez élevé ; tels étaient ceux de contrôleurs au régalement des tailles.

Jean Boulay, qui s'était rendu adjudicataire de cet office pour la paroisse d'Ensigné, moyennant 455 livres, le 6 mars 1652, et Lonis Fromentin, substitut du procureur du roi à Aulnay, qui avait acheté celui de la paroisse de Salles, le 27 mars 1652, moyennant 110 livres, s'empressent de se faire recevoir en l'Election ; Jean Thomas, marchand, acquéreur de celui de la paroisse de Bérac pour 217 livres, prie les élus de Niort de commettre l'élu particulier de Jarnac pour recevoir son serment, le 20 mars 1652.

Les canonniers ordinaires de l'artillerie du roi et les maîtres de poste jouissaient aussi de l'exemption de la contribution aux tailles.

Michel Le Camus, pourvu de la charge de canonnier par M. de La Meilleraye, grand-maître de l'artillerie de France, par provisions du 2 février 1655, dit que s'étant présenté pour servir, il aurait été renvoyé dans sa maison en attendant un mandement du grand-maître, et par suite des priviléges attachés à sa charge, il requiert que les élus ordonnent aux asseieurs et collecteurs de la paroisse de Vouhé où il réside, de le porter sur le rôle des tailles au chapitre des exempts ; ce qui lui est accordé par sentence du 10 août 1638.

Pierre Poictevin, propriétaire de l'office de maître de poste établi pour le service du roi à Villefagnan, dit que par la déclaration de Sa Majesté du 15 mai 1634, vérifiée en la Cour des Aides le 13 juin suivant, les maîtres de poste du royaume auraient été maintenus dans la jouissance des priviléges et exemptions attribués à leur office et dont ils avaient précédemment joui, nonobstant l'article 20 de l'Edit du roi, du mois de janvier de la même année ; sur sa requête, les élus par sentence du 10 juillet 1654, ordonnent l'enregistrement à leur greffe de la déclaration royale du 15 mai et défendent aux habitants de Villefagnan de troubler le suppliant dans la jouissance de ses droits et exemptions.

Un privilége moins important était attaché à un office infime, créé par un édit de mars 1637. Dans chaque paroisse il fut établi un commis à faire les rôles des tailles et autres deniers, pour vaquer à la confection de ces rôles sous les asseieurs et collecteurs de la taille, et qui, pour ce, reçut des contribuables un salaire de 12 livres dans les paroissses de plus de 500 feux, de 9 livres dans celles de 200 à 300 et de 6 livres dans les moindres ; il fut en outre exempté de faire la collecte des tailles, ce qui avait encore son importance, le collecteur garantissant l'impôt qu'il était chargé de recouvrer.

Pierre Huet, Ec., Sgr du Plessis-Gauducière, lieutenant ancien en l'Election de Niort, commissaire subdélégué par les commissaires du roi députés pour l'exécution de l'édit, ayant adjugé aux enchères à Pierre Brossard, moyennant 55 livres, l'office de commis pour la paroisse de Villefagnan, les élus de Niort après avoir reconnu que l'acquéreur était de bonne vie et mœurs et capable de remplir sa charge, prennent son serment et l'installent par ordonnance du 5 août 1638.

Alfred RICHARD.

Guéret, 25 novembre 1866.